Fácil
&
Rápido

El Cuidado de los Gatos

Kelli A. Wilkins

El Cuidado de los Gatos

T.F.H. Publications
One TFH Plaza
Third and Union Avenues
Neptune City, NJ 07753

Printed and Bound in China
06 07 08 09 1 3 5 7 9 8 6 4 2

Library of Congress Cataloging-in-Publication Data
Kitten care. Spanish.
Fácil & rápido el cuidado de los gatos / TFH staff.
p. cm.
Incluye referencias bibliográficas.
ISBN 0-7938-1044-2 (alk. paper)
1. Kittens. 2. Cats. I. T.F.H. Publications, Inc. II. Title.
SF447.Q5318 2006
636.8'07–dc22
2006017982

¡El Líder en el cuidado de animales por más de 50 años!
www.tfhpublications.com

Contenido

Elegir un Gato o un Gatito

L a decisión de adquirir un gato es algo muy serio. Antes de llevar una mascota a casa, piense seriamente todas las responsabilidades que tendrá que afrontar. Tener una mascota es una decisión para toda la vida, y debe de pensarse muy bien. No importa la edad, el sexo o la raza del gato, éste va a depender de usted durante el resto de su vida. Las siguientes preguntas le ayudarán a decidir si en realidad está preparado para cuidar de un gato:

- ¿Estoy preparado para cuidar a mi gato día a día durante el resto de mi vida?

- ¿Voy a poder afrontar los gastos que supone tener un gato? (gastos de comida, productos de aseo y visitas al veterinario pueden llegar a costar cientos de dólares)

- ¿Voy a poder llevar a mi gato al veterinario cuando se enferme?

- ¿Tengo suficiente sitio en casa para un gato?

- ¿Es alérgico a los gatos alguien de mi familia?

- ¿Hay otras mascotas en casa?

- ¿Hay en casa bebes o niños pequeños?

- ¿Tendré tiempo disponible para encargarme del aseo del gato?

- ¿Podré limpiar la caja del gato, darle comida y agua fresca todos los días?

Los gatitos están llenos de energía y les encanta explorar cosas nuevas.

Un gatito o Dos

Si decide adoptar a un gatito, ¿Por qué no adopta a dos? Los gatitos se hacen compañía y juegan juntos cuando usted no está en casa. También aprenderá como socializar y convivir con otro animal. Un gatito necesitará un compañero de juego y se sentirá muy solo cuando ya no esté con su madre o el resto de la camada.

* ¿Hay alguien que pueda ayudarme a cuidar del gato cuando vaya de vacaciones?

Si ha considerado detenidamente todos estos factores y aún desea tener un gato, usted es el candidato perfecto para ser dueño de uno.

Un Gato o Un Gatito

Si tiene que elegir entre un gato adulto y un gatito , ¿ Cuál elegiría? ¿ Tiene alguna preferencia? Algunas personas prefieren a los gatitos porque así los ven crecer, mientras que otras prefieren a los gatos adultos. Cualquiera que elija será una buena mascota—¿Cómo elegir entre uno y otro?

Los Gatitos

Los gatitos están listos para dejar a la madre a las 12 semanas de vida. Para entonces ya no toman leche materna y comen comida sólida. Los gatitos cachorros acaban de empezar su vida, y todo es nuevo para ellos. Esto significa que su gatito dependerá de usted para todo, necesitará ser entrenado para vivir con gente (y otras mascotas o gatos).

Según dónde consiga al gato, él o ella necesitará ser castrado o esterilizado. Aunque hay que hacerlo una sola vez, puede resultar caro. Los gatos también necesitan una serie de vacunas durante el primer año de vida, y será necesario que visiten al veterinario varias veces.

Cuando lleva un gatito a casa, tiene que entrenarlo y mostrarle que es lo que no debe hacer (arañar el sofá y colgarse de las cortinas). Los gatitos tienen mucha energía, así que esté preparado. Les encanta explorar sus alrededores y siempre tienen ganas de jugar. Los gatitos necesitan mucha atención, y usted será como una segunda madre para él. No olvide que el gatito algún día crecerá y llegará a ser un adulto, es inevitable.

Los Gatos Adultos

Los gatos adultos son más tranquilos y dóciles que los gatitos. Un adulto quizás ya haya sido castrado o esterilizado y posiblemente ya esté vacunado. Los gatos adultos saben como comportarse y conocen "las reglas" de comportamiento. Es menos probable que escarbe las platas o salpique en el recipiente del agua.

Si adopta a un gato, no olvide que el gato tiene un pasado que usted no conoce. Tendrá costumbres establecidas, gustos por ciertos tipos de comida, maneras de ensuciar y una forma específica de ver la vida. Dependiendo de dónde saque al gato, usted podrá averiguar algunas cosas sobre su pasado, como su nombre, si era el único gato

Los gatos adultos son generalmente más calmados comparados con los gatitos.

Fácil & Rápido El Cuidado do los Gatos

Adoptar a un Gato Adulto

Muchos gatos adultos son puestos en adopción porque los dueños se cambian de ciudad, tienen hijos o ya no es el gatito que una vez fue. Al adoptar a un gato adulto, usted le está dando una segunda oportunidad de vivir una vida agradable.

o viene de una casa donde había más gatos, si el dueño anterior tenía hijos, si tiene un temperamento tranquilo, es amistoso o tímido.

Un gato adulto no tendrá tanta energía como un gatito y no le gustará correr por la casa todo el día. Los gatos adultos duermen más que los gatitos, de 12 a 18 horas al día (y duermen aún más cuando envejecen.)

¿ Gato de Raza o Mezclado?

Un gato o gatito de pura raza no es más cariñoso que uno mezclado. Uno de raza desciende de una sola raza. Los gatos de exposición son de pura raza, éstos son criados y educados por criadores. Un gato de exposición debe tener todas las características específicas de esa raza, por ejemplo el tamaño, el color y el pelaje.

Los gatos de raza y de exposición pueden costar cientos de dólares, si no está planeando llevar a su gato a exposiciones, uno mezclado es todo lo que necesita. Por otro lado, si a usted le gusta una raza específica y desea ser dueño de un gato de raza, puede buscar en un asilo de animales de su ciudad o en una organización de rescate. Muchos criadores ponen gatos de raza en adopción porque no poseen los estándares para poder ser usados en exposiciones. Esto no es problema alguno para que el gato o gatito llegue a ser una mascota extraordinaria. (El gato no sabe si es de raza o no.) Los gatos de raza o mezclados que son puestos en adopción tienen mucho amor para dar a sus amos y esperan encontrar un buen hogar.

Algunos dueños de gatos prefieren machos y otros hembras, la decisión es suya.

¿Gato o Gata?

Usted tiene la opción de elegir un gato, una gata, un gatito o una gatita. Algunas personas prefieren gato, otras gata y a otras les da igual. No importa cuál sea su decisión, cualquiera que elija será una mascota única.

Los machos son más largos y pesan más que las hembras. El macho si no ha sido castrado, rociará su orina para marcar su territorio. Si el gato ha sido castrado dejará este comportamiento cuando llegue a la pubertad ya que desaparece el instinto sexual. Es más barato castrar a un gato que a una gata. El veterinario le dirá cuando se puede hacer la castración. Normalmente se hace alrededor de los 6 meses de edad.

Las gatas son más pequeñas que los gatos. Suelen llegar a la madurez sexual entre los 6 y 12 meses de edad y buscan un compañero cuando están en celo. El mejor momento para castrar a las gatas es entre los 6 y 8 meses para prevenir que sean fecundadas. La castración de las gatas es más compleja porque hay que extraer los órganos reproductores.

Hay gente que piensa que cuando la gata está castrada se vuelve más fría y menos cariñosa. Sin embargo, se piensa que el gato castrado es más cariñoso, pero no existe nada específico que lo pruebe. Todos los gatos tienen su propia personalidad, y no importa el sexo que usted elija, el suyo será único.

¿Pelaje Largo o Corto?

El pelaje puede influir en el tipo de gato que usted escoja. Hay dueños que les gusta peinar y cepillar el pelo de su gato todos los días para prevenir que se les formen enredos, otros sin embargo, prefieren gatos con pelaje corto que sólo tienen que peinar una vez a la semana o una vez al mes.

Antes de adquirir un gato, debe saber que los gatos de pelaje largo (como los Persas, Ragdolls y Maine Coons) necesitan ser cepillados todos los días. El pelo al ser tan largo se enreda y pierde el brillo, por lo tanto hay que peinarlos todos los días. Al tener el pelaje largo son más propensos a tragarse el pelo. Los gatos de pelaje corto (como el Egyptian Mau, Burmese, y Siamese) requieren menos cuidado. A estos gatos sólo hay que cepillarlos una vez a la semana o una vez al mes, dependiendo del gato. Si no quiere pasarse los días limpiando la casa y cepillando a su gato, elija uno de pelo corto.

Las razas de pelo largo necesitan cepillar el pelaje a diario para que el pelo se mantenga con brillo y desenredado.

Elegir un Gato o un Gatito

¿Cómo Conseguir El Gato De Sus Sueños?

Existen varios lugares dónde puede encontrar a su felino. Además de los asilos para animales y las organizaciones de rescate, también puede buscar en agencias de adopción en el internet, anuncios en el periódico y en tiendas de mascotas.

Asilo Para Animales y Organizaciones De Rescate

El mejor sitio para encontrar un gato es en los asilos para animales y en las organizaciones de rescate. Todos los días, los asilos de animales adoptan gatos que los dueños ya no quieren o no pueden cuidar. Lo mismo ocurre con las organizaciones de rescate.

Si decide adoptar a un gato adulto o a un gatito de un asilo para animales, debe hacer las siguientes preguntas:

• ¿Tiene el gato un buen estado de salud?

Muchas organizaciones de rescate tienen gatitos preciosos como estos dos que están buscando hogar.

- ¿Ha sido el gato revisado por el veterinario? (si es así, pregunte el nombre del veterinario, la dirección y el teléfono.)

- ¿Qué incluye la tarifa de la adopción?

- ¿Ha sido el gato o gata castrado?

- ¿Qué edad tiene el felino? (la mayoría de los lugares le darán la edad aproximada)

- ¿Cuál es el historial del gato? (esto normalmente incluye las razones por las que el gato llegó a este lugar, su nombre, su comportamiento, si el gato está vacunado y el tipo de comida que le gusta.)

Existe un proceso para llevar a cabo la adopción (rellenar documentos, proporcionar referencias, responder preguntas sobre su experiencia como dueño de mascotas, y en algunos casos una investigación de su pasado). No se incomode por todo este proceso, lo único que la agencia busca es el bienestar del animal.

Adopción por Internet

Las páginas de adopción (como petfinder.org) tienen una lista de perros y gatos en adopción que vienen de asilos para animales, organizaciones de rescate y hogares privados. Estas páginas de internet son buenas para encontrar gatos o gatitos en su ciudad que están buscando un hogar. Una vez que se haya puesto en contacto con estas organizaciones en referencia al tipo de gato que está buscando, visite la organización y vea al animal. La agencia determinará si usted es la persona adecuada para adoptar al gato. Si todo sale bien, usted se puede llevar al gato a casa. Las páginas de internet son buenas para encontrar mascotas (también tienen perros, reptiles, pájaros y pequeños mamíferos listos para ser adoptados)

Elegir un Gato o un Gatito   13

A veces puede encontrar gatos de pura raza que están puestos en adopción.

Anuncio en el Periódico

Muchas veces va a ver en el periódico anuncios como: "Gatitos Buscan Casa" En la mayoría de los casos, la gata del dueño ha tenido una camada de gatitos y necesita deshacerse de ellos. Si decide adoptar uno de estos gatitos, haga muchas preguntas e intente conseguir información sobre la madre y el dueño. Averigüe:

- La edad de los gatitos

- Si el gatito ha sido destetado (no toma leche materna)

- Lo que ha estado comiendo

- Si ha sido vacunado y cuáles son las vacunas

- Si el gatito ha sido revisado por un veterinario

- Si el gatito está bien de salud

- Si el dueño se quedaría con el gatito si éste no pasa el examen veterinario.

- La salud de la madre y el certificado de vacunas

- Por qué el gatito fue puesto en adopción

- Si el dueño tiene más gatos u otras mascotas

Asegúrese de tener el nombre del dueño, la dirección y el teléfono por si necesita contactarlo en el futuro. Si nota que el dueño no quiere contestar estas preguntas, esto deberá ser un signo de alarma y quizá éste no sea el lugar adecuado para encontrar a su mascota.

Las Tiendas de Mascotas

Muchas veces, los gatos que están en las tiendas de animales, vienen de hogares dónde han sido criados con la finalidad de ser vendidos. En las tiendas de mascotas es más difícil encontrar información sobre el animal, (de dónde viene y en que condiciones estuvo viviendo).

No todas las tiendas son así, las hay que venden gatos que vienen de lugares con reputación. Estas tiendas le informan de dónde viene el gato y la historia de éste. Le dará también un certificado de salud con todas las vacunas y exámenes veterinarios. Los gatitos estarán en un lugar grande y limpio, tendrán juguetes y estarán acostumbrados a estar en contacto con gente. Las tiendas de mascotas deben de tener conocimiento sobre los animales que venden.

Haga Preguntas

Cualquiera que sea el lugar donde consiga al gato, compruebe que sea un lugar acreditado y que ha pasado una inspección. Cuando vaya al asilo para animales, la organización de rescate o a cualquier otro lugar, hágase las siguientes preguntas:

- ¿Está el lugar limpio o huele a orina de gato?

- ¿Está el lugar abarrotado de animales?

- ¿Está el personal entrenado para contestar las preguntas?

- ¿Está el gato viviendo en buenas condiciones (la comida y el agua se ven limpias)?

Mire a su alrededor y haga preguntas. Si se siente presionado a la hora de comprar, siga sus instintos y haga lo que su conciencia le diga.

Como Saber el Estado de Salud del Gato

Ahora que ya sabe el tipo de gato que quiere, y sabe donde encontrar al felino, necesita saber los signos de un gato saludable. Además de averiguar las condiciones en las que vive el gato, tómese un poco de tiempo y observe al gato de cerca. Aquí van algunas sugerencias:

Revise el pelaje y la piel. Toque el cuerpo del gato. El pelaje debe sentirse suave y brillante. (El pelaje de un gatito es más esponjoso que el de un gato adulto). El gato no debe tener pedazos de piel sin pelo, llagas, costras, o bultos en la piel.

Días de Adopciones

Algunas tiendas de provisiones para mascotas tienen días específicos para llevar a cabo adopciones. La tienda no vende animales sino que permite que los asilos de animales y las organizaciones de rescate lleven los animales a la tienda para que los clientes puedan verlos y hablar con sus representantes. Esta es una buena manera de encontrar un gato o gatito en su localidad.

Cuando usted es el adoptado

Hay veces que usted no es el que está buscando un gato para adoptarlo, sino que éste le encuentra a usted. Si ésta es su situación, no tendrá que elegir la edad ni el sexo. Pero antes de llevar a su casa un gato que se ha encontrado, debe estar seguro que este gato no pertenece a nadie. Una manera de averiguarlo es poniendo un anuncio en el periódico, dé una buena descripción del gato, incluya el sexo, el color de ojos y cualquier distintivo que tenga. Mientras espera respuesta del periódico, haga al gato sentirse en casa pero manténgalo alejado de otras mascotas. El gato puede estar enfermo, y usted no quiere enfermar al resto de sus animales.

Si pasan unas semanas y nadie reclama al gato, lleve al gato al veterinario para un examen veterinario. Cuéntele al veterinario que se encontró al gato y no tiene su historial. El veterinario le hará un examen y le pondrá las vacunas que necesite.

- Observe como camina. Fíjese que no cojea o camina sin balance. (Un gato que camina sin balance puede tener un problema de salud.)

- Revise el gato para ver si tiene pulgas. Separe el pelaje y mire si tiene pulgas o excrementos de pulga. Si encuentra motitas parecidas a la pimienta negra es que tiene pulgas.

- Revise los ojos, las orejas, la nariz y los dientes. Los ojos del gato deben estar claros y limpios. Las orejas deben estar limpias, sin cera y sin olor. La nariz debe de estar cálida y seca, los orificios nasales no deben tener mucosidades. La dentadura debe ser rosada y no le debe faltar dientes.

- Sienta al gato. ¿Cree que tiene el peso adecuado?

- Cuando lo toque no debe de ver ni sentir las costillas sobresaliéndole, pero tampoco debe estar obeso.

- Levante al gato unos minutos y observe su reacción. ¿Le gusta cuando lo tocan o se resiste? ¿Le gusta que lo acaricien?

- Acérquese al gato. Siéntese en el suelo y llámelo. Cuando se le acerque, juegue con él, y observe como reacciona. Esto le dará idea de cómo es la personalidad del gato.

Tenga cuidado y no elija a un gato que no esté interesado en lo que pasa a su alrededor. Los gatos duermen mucho, si usted lo despierta de la siesta, notará que parece drogado, aletargado, pero debe de mostrarse interesado en lo que está pasando a su alrededor. Si el gato no duerme suficiente y se le ve confuso y aletargado, puede estar enfermo.

No importa que clase de gato adopte, intente darle un buen hogar y cuídelo durante el resto de su vida. La elección es suya. Los gatos son excelentes compañeros.

La Casa Ideal
Para El Gato

Ahora que ha decidido tener un gato como compañero, necesita preparar todo para la llegada de su felino. Con un poco de preparación, puede hacer que la llegada de su gato a casa sea fácil y placentera.

Estar Preparado

Su nuevo compañero necesitará algunos suministros. Es buena idea comprar algunas cosas que va a necesitar. Puede ir de compras a la tienda de mascotas. Estas son algunas cosas que necesitará:

- Una cesta para transportar al gato

- Recipientes para la comida y el agua

- Comida de gato

- Un retrete

- Juguetes

- Poste para rascar

- Una cama para gatos

- Un peine y un cepillo

- Un collar con identificación

- Una correa (opcional)

Su gato necesitará todo esto cuando llegue a casa a vivir con usted.

Transportadores

Su gato necesitará una cesta para el transporte. Compre una lo

Siempre tenga una cesta transportadora de buena calidad para su mascota.

Fácil & Rápido El Cuidado do los Gatos

¡Aviso!

Cuando viaje con su gato, nunca lo deje en el auto solo aunque deje las ventanas un poco abiertas. La temperatura dentro del un vehículo puede alcanzar dígitos mortales en unos minutos.

suficientemente grande para que el gato pueda usarla cuando se haga más grande. Si va adoptar a dos gatos, compre dos cestas transportadoras. Cada gato necesitará una.

La cesta debe ser de plástico duro y debe tener una puerta con cierre hermético. También debe tener buena ventilación y facilidad para sacar y meter al gato. Al gato le gusta mirar a su alrededor y ver a donde lo están llevando, compre una con una rejilla. Debe de tener también un agarrador de base fuerte. Ponga una toalla vieja en el fondo de la cesta para que el gato tenga una superficie esponjosa cuando viaja.

No se recomienda el uso de cajas de cartón. Las bases y los agarraderos no son lo suficientemente fuertes, y el gato se puede salir. Normalmente son oscuras, atrapan la humedad, y no permiten una ventilación adecuada para las mascotas.

Recipientes para la comida y el agua

Los mejores recipientes son los de cerámica y porcelana, son duros, resistentes, y fácil de limpiar. Los recipientes de plástico se pueden rayar y así guardar bacterias que pueden enfermar al gato. Un gato juguetón podría dar la vuelta un recipiente de plástico y derramar toda la comida por el suelo. Si va a adoptar a un gatito, compre recipientes de comida pequeños y menos profundos. Estos cuencos son más pequeños que los que se deben comprar para un gato adulto. Un gato pequeño puede sentirse intimidado con un cuenco grande y puede que no alcance el fondo del cuenco para comer.

Si tiene más de un gato en casa, compre recipientes de comida y bebida para cada uno de ellos.

Alimentación Sana

Existen muchas marcas de comida para gatos (incluyendo comida seca, semi seca y enlatada) y vienen en diferentes sabores. Un gatito necesita comida especial para un gatito en crecimiento. Sin embargo, un gato adulto necesita comida de gato adulto.

Si usted conoce la clase y tipo de comida que su gato comía antes de llevarlo a casa, compre la misma marca. Si le cambia la marca o la clase de comida y además acaba de llegar a una casa nueva, podría sentirse confundido por todos estos cambios.

El Retrete y su limpieza

Hay muchas clases, tamaños y estilos de retretes. Puede comprar uno automático que se limpia solo, uno con techo o una cubeta de plástico con el borde hacia dentro para que no se salga la grava. Usted elije el que más le guste o le convenga.

Los retretes automáticos tienen un mecanismo que transporta la grava sucia una vez que el gato la ha utilizado y el recipiente se vuelve a llenar automáticamente con grava limpia. Estos son mucho más cómodos pero también más caros. A veces el gatito se asusta de este tipo de retrete, especialmente la primera vez que lo usa.

El retrete con techo está hecho de plástico. Este tipo de retrete está diseñado para darle al gato privacidad. Una razón por la que este tipo de retrete es bueno, es porque el gato no puede derramar nada fuera de la caja. Sin embargo, a muchos gatos no les gusta este tipo de retrete porque se sienten enjaulados. El retrete con techo es muy oscuro en el interior y guarda olores si el techo no tiene una ventilación adecuada.

A veces el retrete viene con una pala de plástico. La pala debe tener agujeros en el fondo para sacar los excrementos.

Si tiene un gatito, compre un retrete para gatitos. Estos retretes son más pequeños que los de tamaño regular y también son más bajos, permitiendo al gatito entrar y salir con facilidad. Se recomienda que empiece usando una cubeta de plástico porque uno automático o con techo puede ser demasiado sofisticado para un gato tan pequeño.

Las cajas de plástico duro que sirven de retrete son baratas y puede comprarlas en el supermercado. Las cajas están abiertas y permiten que el gato entre y salga con facilidad.

La Casa Ideal Para El Gato

Si ha adoptado a un gato adulto y sabe el tipo de retrete que usaba, compre el mismo tipo. Si intenta cambiar el estilo, el gato puede confundirse y negarse a usar el retrete.

Grava o Arena Para Gatos

Hay diferentes clases de grava para gatos, grava de arcilla o barro, cristales de sílice, y grava aglutinada. Puede usar cualquiera de ellas, pero si sabe el tipo de grava que el gato usaba antes de llegar a su casa, siga usando la misma.

La grava de arcilla es la más común. Esta clase de grava es barata y está hecha de barro absorbente y las hay de diferentes clases, con polvo, sin polvo, con o sin perfume.

La grava de sílice está hecha con sílice y está diseñada para evaporar la humedad. Es muy absorbente, no contiene polvo y evita los olores. La gravilla de perlas está hecha de tierra de sílice y absorbe los líquidos sin que se formen pegotes.

La grava aglutinada está diseñada para que forme pegotes cuando es mojada. Este tipo de grava hace más fácil la limpieza de los retretes porque todo el líquido se ha convertido en pegotes. Sin embargo, este tipo de grava no se recomienda para casas donde haya gatitos. Si el gatito camina por un pegote mojado y después se lame la pata, puede tragarse la gravilla. Esto puede producirle un bloqueo en el intestino.

Elija Un Buen Sitio

Elija un sitio adecuado para colocar el retrete del gato, colóquelo en un lugar poco transitado, y de fácil acceso para el gato. La mayoría de la gente coloca el retrete del gato en un baño o un cuarto que no está en uso.

Mantenga la caja del retrete limpia y fresca.

Los Juguetes

Los juguetes son necesarios para los gatos. A todos los gatos les gusta jugar y juegan con cualquier cosa que encuentren. Existen diversidad de juguetes para gatos en el mercado, por lo que no tendrá problemas encontrando el juguete perfecto para su gato. A los gatos les gusta perseguir y abalanzarse sobre las cosas, puede empezar comprando algo sencillo como una pelota.

Cualquiera que sea el juguete que elija para su gato, compruebe que no es peligroso. Debe de asegurarse que no tiene nada que pueda desprenderse y ahogar al animal. No compre:

- Juguetes con piezas pequeñas como campanas diminutas, ojos pegados en plástico que puedan desprenderse (el gato puede ahogarse si se los traga)

- Juguetes con plumas (se pueden romper y se las puede tragar)

- Pelotas pequeñas de espuma (el gato puede morder la espuma y tragársela)

- Canicas, trozos de goma y cualquier cosa que el gato se pueda tragar

La Casa Ideal Para El Gato 25

Una Bolsa De Plástico No Es Un Juguete

Mantenga las bolsas de plástico fuera del alcance del gato. Aunque al gato le gusta jugar con la bolsa, si se mete dentro, se puede asfixiar

Examine bien todos los juguetes antes de comprarlos. Si tiene un juguete que está muy desgastado o se puede romper, cámbielo por otro nuevo. Tenga suficientes juguetes para que el gato pueda jugar. (Sobre todo si tiene más de un gato en casa) Les gusta la variedad para poder elegir.

Poste Para Rascar

Un comportamiento natural del gato es afilarse las uñas. Los gatos que viven en libertad utilizan los troncos de los árboles para realizar esta acción y así marcar su territorio (tienen una glándula olorosa en la planta de la pata), para cambiar la piel de las garras y para estirarse. Por lo tanto, su gato va a necesitar por lo menos un poste para rascar. Si tiene más de un gato, cada uno necesita un poste.

Hay muchas clases de postes, la mayoría están hechos de madera cubierta de alfombra. También hay unos postes que tienen una cavidad y estantes para sentarse. De esta manera el gato goza de una buena perspectiva.

El poste que compre debe ser lo suficientemente alto para que el gato se puede estirar, rascar y afilar las uñas. El poste debe tener una base ancha para que no se dé la vuelta cuando el gato se suba.

Lugar Para Dormir

A los gatos les gusta dormir, y hacen su cama en cualquier lugar que sea cómodo. Algunos prefieren buscar la cama ellos mismos, por ejemplo en el armario, o en su cama. Aunque el gato tenga sus propias ideas de como y donde dormir, usted debe buscar un lugar para él.

Hay muchas clases de camas, y muchas de ellas vienen acolchadas o con algodón para que el gato se sienta más cómodo. Debe ser de una medida justa para que el gato se sienta bien. A los gatos les gusta sentirse seguros cuando duermen, y tocar los lados de la cama les da seguridad.

Coloque la cama en un lugar tranquilo de la casa donde el gato no sea molestado.

Hay muchas clases de postes para rascar. Elija uno que le guste a usted y a su gato.

Peines o Cepillos

Todos los gatos necesitan ayuda con el aseo. Usted necesita comprar un peine o un cepillo especial para gatos. El tipo de peine y cepillo que compre depende del tipo de gato que tenga. Por ejemplo, si usted tiene un gato de pelaje largo como el Persa, debe comprar un peine y un cepillo para gatos de pelaje largo. Más pequeño y más suave si tiene un gatito. Puede encontrar todos los tipos que necesite en la tienda de mascotas

Collar Con Placa de Identificación

Todas las mascotas deberían llevar un collar con una placa de identificación en todo momento. Si su gato se escapa de casa y se pierde, el collar con la identificación le ayudarán a volver a casa.

La Casa Ideal Para El Gato

Hora De Jugar

Jugar con su gato es una excelente manera de apegarse a él. Debe de guardar unos minutos todos los días para esta actividad, incluso cuando haya estado viviendo con usted durante años. Puede rodar una pelota de ping-pong por el pasillo, y mandar al gato que la recoja. A los gatos les encantan las cajas de cartón y pueden usar una para jugar al escondite, como poste para arañar, y como cama. En muchas ocasiones inventan sus propios juegos.

El collar debe de aflojarse automáticamente si el gato se traba con algo (como la rama de un árbol). Cuando vaya a comprar un collar, compre uno que le quede bien al gato. Los collares son de diferentes medidas, por lo tanto debe comprar uno que se ajuste al tamaño de su gato. Si tiene un gato pequeño, compre uno para su tamaño y cuando el gato crezca, compre otro más grande.

Cuando le ponga el collar, fíjese que haya dos dedos entre el collar y el pescuezo del gato. El collar debe estar lo suficientemente flojo para que el gato pueda respirar y tragar fácilmente, pero no demasiado flojo para que el gato se lo pueda sacar. Al gato no le gusta sentir nada alrededor del pescuezo, en unos días el gato se acostumbrará y se olvidará que lo lleva puesto.

La placa de identificación debe llevar su nombre y número de teléfono, junto con el nombre del gato. Algunas tiendas de mascotas tienen máquinas que graban esta información en la placa. También puede comprar la placa de identificación en catálogos o en paginas del internet.

La Correa
Si decide sacar a su gato a dar un paseo, tendrá que comprar una correa. La puede comprar en las tiendas de mascotas y son de

diferentes medidas y estilos. Compre la medida adecuada para su gato. Debe de ajustar correctamente, sin que esté muy pegada al cuerpo del animal. Déle tiempo al gato para que se acostumbre a la correa antes de sacarlo a la calle.

El Bienestar del Gato

Es importante preparar la casa antes de que llegue el gato. Los gatos adultos que han vivido con gente ya tienen idea de lo que pueden o no pueden hacer o que puede ser peligroso para ellos. Sin embargo, los gatitos no saben nada de esto y necesitan aprender donde están los peligros.

Hay muchos peligros en una casa, y usted ni se da cuenta de ellos. Si nunca ha tenido un gato, arrodíllese en el suelo y póngase al nivel del gato y mire a su alrededor. Se sorprenderá de la cantidad de cosas peligrosas que va a encontrar.

Un Chip

Los dueños de gatos están en mejor posición de recuperar a sus mascotas cuando se pierden. En lugar de usar la placa de identificación, usted ahora puede ir al veterinario para que le implante al gato un chip. El chip se implanta debajo del músculo cerca del hombro y el gato no se lo puede sacar. No es dañino para el gato y se le puede implantar a un gato pequeño que tenga alrededor de ocho semanas.

Si alguien encuentra al gato y lo llevan a un asilo de animales o una clínica de rescate, los trabajadores escanean al gato para ver si lleva un chip y de esta manera poder encontrar al dueño. Este procedimiento no es muy caro y es una manera muy efectiva de recuperar al gato. Si su gato tiene un chip, no se olvide de actualizar la información cada vez que sea necesario.

Mantenga al gato apartado de los objetos pequeños que se pueda tragar. Esto incluye objetos como: botones, huesos (que el gato pueda sacar de la basura), monedas, hilo dental, joyas, medicinas, uñas, fundas de bolígrafo, gomas, tornillos, y grapas. Estas cosas pueden parecer inofensivas pero el gato puede ahogarse si se llegara a tragar alguna. No deje objetos pequeños en el suelo, guarde todas estas cosas en lugar seguro.

Algunos collares son más llamativos que otros.

Otros peligros para el gato son las chimeneas, la estufa de leña, la estufa de gas, y el horno. El gatito quizá esté interesado en lo que usted acaba de sacar del horno y se acerque a investigar, también se siente atraído por el calor que desprende el horno. Un gato curioso puede saltar sobre una estufa caliente o meterse en la chimenea, puede quemarse muy fácilmente. Enséñele al gato que tiene que mantenerse alejado de todos estos peligros.

Las sillas con una superficie esponjosa son una atracción para los gatos.

A los gatitos les gusta explorar, y encontrarán todos los peligros que usted no sabe que existen.

La Casa Ideal Para El Gato

Peligros De La Navidad

Aunque las fiestas navideñas son época de felicidad para la mayoría de la gente, también pueden ser un peligro para su gato. Los árboles de navidad, la guirnalda, las bolas de cristal, las cintas decorativas, y las velas son peligros para el gato. A los gatos les atrae todo lo que brilla, pueden acercarse a jugar con estos adornos y si se cuelgan del árbol y se cae una bola de cristal pueden pisarla y cortarse o puede caerse el árbol y aplastarlo. No permita que se cuelgue del árbol ni que beba de la vasija que sostiene el árbol

Las velas son otro peligro para los gatos. La llama de una vela resulta muy fascinante para los gatos y les gusta acercarse a investigar. Nunca

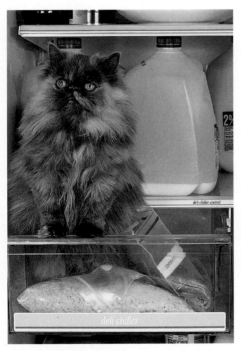

deje una vela prendida si usted no está cerca ni siquiera durante unos minutos. Si su gato decide jugar con la llama, puede quemarse seriamente e incendiar la casa.

Los electrodomésticos también pueden ser peligrosos para las mascotas. Antes de llevar a su gato o gatito a casa, fíjese bien que no pueda meterse ni detrás, ni debajo, ni dentro de los electro-domésticos (incluyendo la nevera, la estufa y el lavaplatos). Mantenga la puerta de la lavadora y la

Compruebe los electrodomésticos y los cajones antes de cerrar las puertas para asegurarse que el gato no está dentro.

Los Sofás y los Gatos

Si tiene un gato pequeño, siempre mire el sofá y el sillón antes de sentarse. A veces el gato se acurruca en un rincón del sofá para dormir y podría aplastarlo si se sienta encima de él. Siempre tenga en mente que el gato puede estar en cualquier sitio, prevenir es mejor que curar.

secadora cerrada y cerciórese que la tapa del inodoro está bajada. (Un gatito se puede caer en el inodoro y ahogarse, o la tapa puede cerrarse y hacerle daño.)

Los cables eléctricos también son peligrosos. No deje que el gato se acerque a los cables y a los enchufes. A los gatitos les gusta morder los cables y jugar con ellos. Coloque los cables de manera que no se puedan ver.

Guarde los productos químicos como la lejía, el amoniaco y otros productos de limpieza fuera del alcance del gato. Estos productos son muy tóxicos y pueden ser mortales si son injeridos. Recuerde que su gato camina por el suelo, aclare bien la superficie después de lavarla. Si al gato se le pega en la pezuña el jabón o el producto que usted ha usado para limpiar el suelo, y después se lame la pezuña, se puede enfermar. Si ha fumigado la casa, mantenga al gato fuera durante horas hasta que la casa haya sido propiamente ventilada. Los gatos tienen un sistema inmune muy delicado y el olor de estos químicos puede ser muy tóxico.

Hay muchas plantas que aunque son bonitas pueden ser venenosas para los gatos. Averigüe si las plantas que tiene en casa son tóxicas. Si tiene plantas venenosas, manténgalas fuera del alcance del gato. Puede ponerlas en una habitación donde el gato no entra, o puede colgarlas del techo. Estas son algunas de las plantas venenosas comunes en los horages:

Aloa Vera	Muérdago
Azalea	Peonía
Gipsofila	Ipomoea tricolor
Narciso	Primavera Califorme
Azucena	Pulsatila
Eucalipto	Filodendrón
Geranio	Estrella de Panamá
Acebo	Lirio trigado
Caléndula	Tulipán

Puede encontrar una lista completa de plantas venenosas en www.aspca.org

La Vida en el Interior

La mejor manera de mantener a su gato protegido es mantenerlo dentro de casa. Aunque algunos dueños de mascotas piensan que mantener a los animales en el interior es cruel, pero en realidad no es así. Un gato que no sale, no tendrá que protegerse de los peligros de la calle. Muchos de estos peligros son: el anticongelante de motor (muy venenoso), pesticidas, el tráfico, la insolación, la congelación, problemas con otros animales (perros, ratones, y gatos callejeros), y gente a la que no le gustan los gatos. También muchos gatos que salen sin ser vigilados pueden contagiarse con piojos y garrapatas, y pueden contraer enfermedades de otros gatos. Compruebe que todas las puertas y ventanas de la casa están cerradas y el gato no se puede escapar.

El Anticongelante

El anticongelante es un veneno para los gatos y otros animales. Nunca deje al gato en el garaje y guarde el anticongelante fuera de su alcance. Hoy en día, usted puede comprar anticongelante que no es tóxico y no daña el medio ambiente.

Si quiere sacar al gato, es buena idea comprar una jaula o cesta donde poder meterlo. En la jaula el gato puede salir, tomar aire fresco y no puede escaparse ni meterse en problemas. Si decide comprar una jaula, verifique que el gato no se puede escapar, ni que otro animal tiene acceso a la jaula. Si no tiene espacio en el jardín para preparar un lugar vallado donde el gato pueda estar, déjelo dentro.

La Llegada del Gato a Casa

Una vez que la casa está lista para recibir al gato, es hora de llevar el gato a casa. Recuerde que todo es nuevo para él. Un gato adulto que ha vivido con gente ya sabe a que atenerse, pero un gatito puede sentirse agobiado. Cuando lleve al gato a casa, sáquelo de la cesta transportadora y déjelo correr a sus anchas para que pueda explorar.

Prepare un cuarto para que el gato lo use durante un tiempo mientras se acostumbra a su nuevo hogar. El cuarto debe estar en la casa (no en el garaje), puede ser un cuarto o un baño que no usa pero donde el gato pueda oír y oler gente.

Ponga todo lo que el gato va a necesitar en ese cuarto, (el comedero, el retrete, la cama, el poste de rascar, juguetes) cuando lo saque de la cesta, muéstrele donde está el retrete.

Deje que el gato explore su nuevo territorio. Déle tiempo para que se adapte. Un gato pequeño puede sentir temor al principio, no haga movimientos bruscos o nada que pueda inquietarlo. Lo más importante es ser paciente. Háblele al gato con voz tranquila y déle algo de comer. Juegue con él durante un rato para que se vaya acostumbrando a usted.

Después de uno o dos días, puede presentarle al resto de la familia. Deje que el gato huela a cada miembro para así ir conociéndolos. No permita que haya demasiada gente en el cuarto con el gato, esto

Un gato recién llegado a casa puede sentirse agobiado, déle tiempo para que se adapte.

podría estresarlo y agobiarlo. Si no tiene otras mascotas, puede dejar al gato explorar el resto de la casa cuando usted lo crea conveniente.

Gatos Que Viven Con Otros Gatos

Si tiene gatos en casa y va a comprar otro, tiene que dejar que se acostumbren a vivir juntos poco a poco.

Una manera de presentar a dos gatos (o a un gato y un gatito) es dejar que el gato que ya estaba en casa huela al recién llegado. Esto permitirá que se empiecen a conocer y previene que se peleen. Recuerde que un gato adulto es mucho más grande que un gatito, y el pequeño puede tener miedo del gato grande. Los gatos adultos marcan su territorio y no les gusta percibir el olor de otro gato en este "su" territorio. Los gatos pequeños no se comportan de esta

Recuerde

Antes de llevar a su gato a casa, verifique que ha pasado un examen veterinario y tiene puestas todas las vacunas. Esto es especialmente importante si usted tiene otros animales en casa.

manera, no son territoriales, ni celosos; en la mayoría de los casos juegan con otros gatos.

Otra opción es colocar al recién llegado en una cesta con una reja y dejar que los gatos se huelan y se acostumbren el uno al otro. Después de un tiempo, coloque al más antiguo en su cesta y saque al recién llegado para que explore y que huela al gato antiguo. Cuando sienta que los dos gatos están preparados para verse cara a cara, saque a los dos fuera de sus respectivas cestas. Juegue con ellos y acaríciélos en turnos para que uno no sienta celos del otro.

Observe como se comportan cuando están cara a cara y prepárese para cualquier altercado que pueda presentarse. Cuando los gatos se acostumbran el uno al otro, no se producirán grandes problemas. Pero no deje los gatos solos hasta estar seguro que no se van a pelear. Si ve que se pelean, sepárelos e inténtelo de nuevo al día siguiente.

Los Gatos y Los Niños

Si tiene niños en casa, debe enseñarles que el gato no es un juguete, sino un ser vivo que tiene sentimientos y debe ser tratado con respeto. Enséñeles como deben tratar a los gatos (aunque el gato sea del vecino) no deben de tirar al gato de las orejas ni del rabo, no deben gritarlo, atemorizarlo o hacerle bromas pesadas. Enséñeles como acariciar al gato suavemente.

Si cree que sus hijos son lo suficientemente responsables como para ser amigos del gato, muéstreles como levantar y agarrar al gato. La mejor manera de coger al gato es:

1. Acérquese al gato despacio para no asustarlo.

2. Levante al gato colocando las manos por debajo del pecho (cerca de los hombros) .

3. Coja al gato (o gatito) y acérquelo a su pecho.

Deje que el gato antiguo huela al recién llegado antes de que se enfrenten el uno al otro.

4. Sujete las patas del gato con su mano o brazo para que no le cuelguen. (Esto le dará al gato seguridad y estabilidad)

Si el gato gruñe y no quiere que lo levanten, suéltelo suavemente.

Los niños deben tener mucho cuidado con los gatitos. Como son tan pequeños, sin querer podrían pisarlos. Nunca deje que el niño camine cuando tiene al gato cogido. El niño puede estrujarlo, dejárselo caer o hacerle daño sin querer.

La edad a la que un niño es permitido hacer amistad con un gato depende de su madurez y de la personalidad del gato. Use el sentido común y vea si estos dos pueden llevarse bien. En general, los niños pequeños deben ser supervisados cuando están jugando con los gatos, al hacerse mayores su conocimiento por los gatos aumentará.

La Alimentación Del Gato

Es vital que el gato tenga una alimentación adecuada. Los gatos adultos y los gatitos no tienen las mismas necesidades. Es importante saber la diferencia para así poder darles una alimentación equilibrada.

Alimentar a un Gatito

Un gatito que está en crecimiento requiere más calorías que un gato adulto. Necesitan más grasas, albúminas, proteínas y vitaminas en su dieta que un gato adulto. Una buena manera de saber si el gato está bien alimentado es darle comida diseñada especialmente para cachorros. La comida " para gatitos" debe especificar claramente los nutrientes necesarios para un gato en crecimiento.

Destetado

Los gatitos son generalmente destetados de sus madres de seis a ocho semanas del nacimiento. Si adopta a un gatito o un huérfano que no ha sido destetado, puede darle leche hasta que sea lo suficientemente maduro para tomar comida sólida. El veterinario pude explicarle con detalle que tipo de suplemento debe darle al gatito.

Hay muchas marcas en el mercado y en la tienda de mascotas. Los diversos tipos de comida preparada ofrecen una dieta balanceada, diversa y con una gran variedad de sabores, puede ser comida seca, semi seca y enlatada. Los gatitos deben comer comida de gatito durante el primer año de vida.

Alimentar a un Gato Adulto

Los gatos adultos no necesitan la misma dieta que los gatitos. Si le da a un gato adulto comida de gatito, el adulto se pondrá obeso rápidamente. Además de la comida para gatos adultos que se vende en el supermercado, hay otros tipos de comida que puede darle. Existe comida especial para el cuidado de los dientes, comida que ayuda con la expulsión de las bolas de pelo, comida para gatos

Todos los gatos deben recibir comidas nutritivas y balanceadas.

Alimentar a un Gato Anciano

Cuando el gato llega a viejo, su metabolismo decae y es menos activo. Por lo tanto, el gato anciano necesita menos cantidad de calorías. No comen tanto como los gatos adultos y es buena idea que escoja una tipo de comida especial para gatos ancianos. Tienen dificultad masticando comidas duras y secas, y es mejor que tomen comidas enlatadas.

obesos, comida para gatos con infecciones de orina e incluso comida especial para gatos que no salen de casa. Si cree que su gato necesita una comida especial, llame a su veterinario y pregúntele. El veterinario podrá recomendarle alguna especialidad.

La Calidad de la Comida

Con tantos tipos de comida diferentes que existen en el mercado, es difícil saber cual es la marca adecuada para su gato. Lo más importante es que la marca tenga todos los valores nutricionales y vitaminas que su gato necesita.

No compre comida de gato sin marca o marca genérica. Estos productos normalmente son de menor calidad y no tienen las vitaminas y minerales esenciales que el gato necesita.

La comida de marca y la comida de calidad suprema poseen todos los ingredientes necesarios que el gato necesita para mantenerse

Albúmina (Taurine)

Todos los gatos deben de tener una dieta rica en albúmina. Este amino ácido es esencial para su salud. Un gato que tiene deficiencia de albúmina en su dieta puede desarrollar problemas de la vista y en casos extremos ceguera. Compruebe que la albúmina es uno de los ingredientes en la dieta de su gato.

El Gato No Come

Si su gato deja de comer, puede que sea porque algo no le gusta. ¿Ha cambiado la marca de la comida, el sabor, o ha llevado otra mascota a casa? Si es así, el gato está en "huelga de hambre" es una manera de protestar por el cambio. Si por el contrario no ha cambiado nada, y el gato sigue sin comer, llévelo al veterinario para una revisión. La pérdida del apetito es una señal de enfermedad, y el gato puede estar enfermo.

saludable. La comida de marca es más barata que la comida de calidad suprema y puede comprarla en el supermercado o en la tienda de mascotas. La comida de calidad suprema es más cara y puede comprarla en la clínica veterinaria.

No importa la clase de comida que compre, pero lea las etiquetas de los envases de comida preparada. Una bolsa de comida en la que está escrito "Posee todos los valores nutricionales para una dieta balanceada" o "tiene todos los ingredientes necesarios para una dieta equilibrada establecida por la Association of American Feed Control Officials (AAFCO)" es una buena marca. Lea los ingredientes. Una buena calidad de comida de gato debe tener un mínimo del 4 por ciento de albúmina y no debe de tener demasiado azúcar, colorantes ni conservantes.

Las marcas conocidas y las comidas de alta calidad son las mejores para su mascota.

El Felino y su Horario de Comida

Su gato le mostrará mediante gestos cuando tiene hambre.

Recipientes De Comida

Cada gato debe tener su propio recipiente para el agua y la comida. Recipientes separados evitan las peleas por comida y asegura que cada gato coma su ración. Si tiene varios gatos, un adulto, un anciano y un gatito, esto le permitirá alimentar a cada uno según sus necesidades.

Hay dos maneras de darle de comer al gato, una es que coma cuando tenga hambre y otra es ponerle un horario. Usted puede poner comida seca o semi seca en el comedero y dejarla ahí durante todo el día para que el gato coma según le plazca. Esta es una opción muy buena para gente que trabaja y pasa fuera de casa la mayor parte del día.

Si prefiere darle al gato comida enlatada, entonces tiene que ponerle un horario porque la comida enlatada no puede dejarse en el comedero todo el día. Déle de comer antes de irse a trabajar y después de llegar del trabajo. Una vez que le ponga un horario al gato debe seguirlo a raja tabla. El gato se acostumbrará a este horario y esperará la comida a esa hora, si no el gato se pondrá impaciente. Si le pone un horario a un gatito, debe darle de comer por lo menos tres veces al día. Los gatitos consumen más energía y necesitan comer más veces.

Cambiar La Dieta

Los gatos son animales de costumbres y no les gusta el cambio, especialmente cuando se trata de su comida. Si necesita cambiar la marca o el sabor de la comida, hágalo gradualmente (de siete a diez días) el gato se adaptará a la nueva comida, de otra forma el gato puede negarse a comer.

Cantidad De Comida

Siempre lea las instrucciones de los envases antes de dárselo al gato. Los fabricantes de comida de mascotas incluyen las porciones recomendadas. Siga las instrucciones del fabricante para determinar la cantidad que el gato debe comer.

Asegúrese que el gato siempre tiene agua limpia y fresca.

Agua

El agua es esencial. El gato siempre debe tener agua limpia y fresca a su disposición a cualquier hora del día. Todos los días debe lavar el bebedero y llenarlo con agua limpia. Algunos gatos son descuidados y cuando están comiendo se dejan caer pedazos de comida en el agua, si esto ocurre, cambie el agua enseguida. Al gato no le gusta beber agua cuando hay algo flotando dentro.

Si ve que el gato no bebe mucha agua, no se preocupe. Los gatos obtienen la mayoría del líquido que necesitan por medio de la comida. La comida de lata es 75 por ciento agua. La comida de gato semi seca es aproximadamente 35 por ciento agua. La comida seca varía del 6 por ciento al 10 por ciento, dependiendo de la marca. No importa que marca de comida le da a su gato, siempre llene el bebedero con agua fresca.

El Aseo Del Gato

El gato es limpio por naturaleza. Aunque varias veces al día se lava el pelaje lamiéndose, necesita otros cuidados. Tan pronto como lleve al gato a casa, empiece una rutina de aseo. Después de un tiempo, el gato esperará esta rutina como parte de la vida cotidiana.

Si adopta a un gato adulto, sea paciente cuando empiece la rutina del aseo. Si el gato nunca ha sido aseado, le resultará molesto y no le gustará para nada.

Haga este ritual lo más agradable posible. Hable al gato con voz suave y déle una recompensa cuando termine la sesión de aseo.

Con un poco de paciencia y perseverancia, su gato se adaptará al proceso de limpieza.

Utensilios Básicos Para El Aseo
Antes de empezar un régimen de aseo, necesitará lo siguiente:

• Un peine y un cepillo

• Bolitas de algodón

• Un cepillo de dientes especial para gatos y pasta de dientes para felinos (no use pasta de dientes para humanos)

• Un cortaúñas diseñado para gatos

Peinar y Cepillar El Pelaje
Peinar y cepillar el pelaje del felino es muy beneficioso para él o ella. Al peinar y cepillar le quitamos el exceso de pelo que se le va cayendo y de esta manera evitamos que se lo trague cuando se lava. Si el gato traga mucho pelo se le pueden formar bolas de pelo en el estómago. Los gatos de pelo largo necesitan peinados y cepillados más frecuentes. Razas como Maine Coon y Persia tienen mucho pelo, y si no se les peina a menudo se les enreda el pelaje, se le hacen nudos y pierde el brillo. Si su gato tiene el pelo largo, compre un peine y un cepillo especialmente diseñado para gatos de pelo largo.

El Cuidado De Las Uñas
Hay dueños que le cortan las uñas al gato todos los meses, pero esto no es necesario. Cortarle las uñas al gato evitará que lo arañe, que arañe objetos en casa (como los muebles). Si decide cortar las uñas a su gato, compre un cortaúñas especial para gatos (no use uno diseñado para los humanos) y compre un lápiz antiséptico.

Para cortarle las uñas, sujete al gato en su regazo y presione la pezuña hasta que extienda las garras. Corte la parte delantera de la uña.

Tenga cuidado de no cortar la parte irrigada (donde están los nervios y las venas). Si por accidente le corta la parte irrigada, rápidamente póngale el lápiz antiséptico en la herida para cortar la sangre.

Si no se atreve a cortarle las uñas, pídale al veterinario que lo haga. Es buena idea empezar a cortarle las uñas al gato cuando es pequeño.

El veterinario puede enseñarle como cortarle las uñas al gato.

Limpieza De Los Ojos y Las Orejas

Si ha notado que el gato se rasca las orejas con frecuencia, puede que tenga ácaros. Mírele las orejas. Si encuentra cera oscura con forma de bolitas oscuras, llévelo al veterinario inmediatamente para que le dé un tratamiento para los ácaros. El veterinario le dará una receta de gotas para el oído y le enseñará como limpiarle al gato las orejas.

Normalmente, las orejas de los gatos están limpias. Y no necesitan mucho mantenimiento. Una vez a la semana, unte una bolita de algodón en aceite de bebé y limpie la oreja del gato. No use bastoncillos de los oídos, ya que si el gato se mueve bruscamente, podría dañarle el tímpano.

Normalmente los ojos del gato son claros y limpios y no necesitan mucho mantenimiento. Si el gato tiene residuos en el lagrimal, límpielo con un pedazo de algodón empapado en agua templada.

El Cuidado De Los Dientes

Aunque no lo crea, el gato necesita lavarse los dientes como parte de

Extraer las garras del gato

A los gatos se les puede extraer las uñas por medio de una operación. Los gatos arañan por naturaleza, para eso tienen las uñas. Algunos dueños de gatos no les gusta este comportamiento y deciden llevarlo al veterinario para que les practique la operación. Algunos veterinarios se niegan a llevar a cabo este tipo de operación porque lo consideran cruel. Un gato al que se le han extraído las uñas puede tener problemas psicológicos como agresión, depresión y comportamientos antisociales. Además, al extraerle las uñas el gato queda indefenso, y no podría defenderse si es atacado cuando está en la calle.

su ritual de aseo. Los gatos tienen tendencia a la formación de sarro y a sufrir inflamación en las encías.

Empiece cepillándole los dientes al gato a una edad temprana para que se acostumbre a esta rutina. Un gato adulto al que no le hayan lavado los

dientes nunca, se resistirá al principio, sea paciente y siga intentándolo. Si después de un tiempo el gato aún no se deja lavar los dientes, hable con el veterinario. Si es la primera vez para el gato, el veterinario tendrá que limpiarle todo el sarro acumulado en los dientes.

Antes de empezar a cepillar los dientes del gato, ábrale la boca y mírele las encías. Deben de estar rosadas y tener un aspecto saludable. (Si están inflamadas o sangran, lleve el gato al

Revísele las orejas al gato todas las semanas.

veterinario de inmediato.) Para lavarle los dientes, ponga un poco de pasta de dientes para gatos en el cepillo y cepille los dientes poco a poco. (El gato intentará morder el cepillo, pero una vez que pruebe la pasta de dientes le gustará y permanecerá quieto. Sólo tiene que lavar la parte de afuera de los dientes porque la parte de dentro se la limpia el gato con la lengua. Cepille los dientes del gato todos los días si al gato le gusta, si no le gusta, lávelos una vez a la semana. También puede comprar una clase especial de comida seca que le ayudará a mantener los dientes limpios entre cepilladas .

El gato tendrá mejor aliento cuando le lava los dientes a menudo.

El Baño

Los gatos se bañan ellos mismos todos los días lamiéndose el cuerpo, pero a veces el gato se reboza en algo pegajoso y necesita un baño con agua y jabón. Si al gato le huele el pelaje o está lleno de barro, es el momento de bañarlo. A los gatos no les gusta meterse en el agua y no va a ser fácil bañarle.

Ponga una toalla en el fondo del fregadero de la cocina. (No meta al gato en la bañera, no podrá controlarlo y será usted el que acabe bañándose.) La toalla servirá de agarre para el gato para que no se resbale. Llene el fregadero con una pulgadas de agua templada y moje al gato un poquito. Use champú de gato, ponga un poquito en el pelaje y lávelo, aclárelo con agua templada. (Tenga cuidado de que no le entre ni agua ni champú en los ojos, la nariz, y las orejas.) El gato se lava el mismo después del

Recuerde

Sólo use un champú especial para gatos. No use jabón de lavar platos, jabón de perro o champú de humanos. Los químicos que llevan estos productos son demasiado fuertes para el gato y podrían enfermarlo.

baño, por lo tanto, compruebe que ha aclarado bien el jabón del pelaje.

Una vez que ha aclarado el jabón, séquelo con una toalla. No deje salir al gato con el pelaje mojado, ni que esté cerca de una ventana abierta hasta que el pelaje esté completamente seco. Puede secar al gato con un secador de pelo, pero la mayoría de los gatos se escapan cuando oyen el ruido del secador. Pruebe con el suyo.

Si empieza a asear al gato a una edad temprana, el gato se acostumbrará a esta rutina. Un gato adulto que no está acostumbrado al aseo, le dará un poco más de trabajo pero finalmente se acostumbrará. Pida ayuda a un miembro de su familia si le resulta difícil hacerlo solo.

El Estado De Salud De Su Felino

Su gato no puede hablar, por lo tanto no puede decirle cuando no se siente bien o cuando está enfermo. Usted debe estar pendiente de su mascota. Debe reconocer los síntomas de las enfermedades y vacunar a su gato cuando le corresponda. La mejor manera de hacerlo es llevar el gato al veterinario una vez al año para que le hagan un examen veterinario.

El Veterinario

Es muy importante que escoja un buen veterinario para que se encargue de su gato. Si es la primera vez que tiene un gato, pregunte a un amigo o vecino que tenga gatos para que le dé una

Elija un veterinario que sea un experto en gatos.

recomendación. Esta es la mejor manera de encontrar un buen veterinario. Si adoptó a su gato en un asilo de animales o agencia de rescate, pregunte si el gato tenía veterinario y si es así, pida que le informen del nombre y teléfono.

Una vez que tenga unas cuantas recomendaciones, llame a las clínicas veterinarias y haga preguntas cómo:

• ¿Es una clínica sólo para gatos?

• ¿Cuál es el horario y si tienen un veterinario disponible 24 horas en caso de emergencia?

• ¿Cuánto cuestan las visitas al veterinario y las vacunas?

Si está satisfecho con las respuestas, vaya a visitar la clínica personalmente. Hable con los empleados y con el veterinario. Dígales que está buscando un veterinario para su gato o gatito. Fíjese si los empleados son amistosos y están dispuestos a ayudar y les gustan los animales en general.

No Se Arriesgue

Si cree que su gato está enfermo, siga sus instintos y llévelo al veterinario inmediatamente. No espere a que el gato se sienta mejor o la dolencia desaparezca, esperar puede empeorar las cosas. Cuando se trata de su mascota, es mejor prevenir que curar.

¿Está Mi Gato Enfermo?

Aprenda a reconocer los gestos y hábitos de su gato, incluyendo la cantidad de comida que come y la cantidad de agua que bebe, cuantas horas duerme y con que frecuencia hace sus necesidades. Un cambio drástico en una de estas actividades es señal de que algo no está bien. Observe el comportamiento del gato para así darse cuenta de cuando algo no es "normal."

Síntomas De Enfermedad

Los gatos son especies muy complejas y pueden tener una gran variedad de enfermedades. Los siguientes son signos de determinadas dolencias. Si su gato no está actuando normal y tiene uno de estos síntomas, llévelo al veterinario. Después de un examen, el veterinario recomendará lo que el gato necesita para ponerse mejor. Existen muchas razones por las que su gato puede tener uno de estos síntomas, y el veterinario es la persona adecuada

En Caso de Emergencia

Una vez que ha encontrado un veterinario que le gusta, asegúrese de que guarda en sitio seguro el nombre, el teléfono y la dirección de la clínica. Si usted o un miembro de su familia tiene que salir corriendo por una emergencia, lo mejor es encontrar al información necesaria en un segundo.

para determinar que es lo que le está sucediendo. Los signos incluyen:

- Sangre

- Sangre en la orina o en las heces

- Tos

- Lloros, suspiros, o gruñidos cuando lo acaricia o lo levanta

- Diarrea

- Babeos

- Come o bebe en exceso

- Fiebre

- Respiración lenta o rápida

- letargia

- Cojeo

- Pérdida del apetito y negarse a beber

- Pérdida de peso repentino (o rápida subida de peso)

- Goteo de la nariz y / o lagrimeo

- Estreñimiento

- Cambio de personalidad repentina (muerde, araña, gruñe)

- El tercer párpado expuesto durante un periodo prolongado

- Problemas al caminar o caminar sin balance

- Pelaje descuidado

- Vómitos

Enfermedades Comunes En Los Felinos

Es importante que su gato esté saludable y sea feliz. La mejor manera de conseguir esto es reconocer los signos de las enfermedades. Estas dolencias van desde contraer piojos a enfermedades mortales. Estudiemos las más comunes:

Diarrea

La diarrea es muy incomoda para cualquier gato, pero puede ser mortal para un gatito. Los gatitos tienen un sistema muy delicado y la diarrea puede deshidratarlos, si no se les atiende rápidamente pueden llegar a morir. La diarrea puede ser causada por diferentes factores, un virus estomacal, un empacho, o una infección de parásitos. Si su gato o gatito tiene diarrea, llévelo al veterinario para una revisión.

El Virus de Inmunodeficiencia

Este virus se transmite por medio de la saliva, si su gato no sale a la calle, no tiene porqué preocuparse. El FIV (Feline Immunodeficiency Virus) afecta al sistema inmunológico y éste empieza a fallar dejando al gato sin opción de defensas ante infecciones de todo tipo. Un análisis de sangre puede detectar FVI, y si el análisis es positivo, el veterinario recomendará lo mejor para el gato. Si su gato es vacunado contra FIV, siempre que se le haga el análisis será positivo.

La Peritonitis Infecciosa Felina

Feline Infectious Peritonitis, sus siglas en ingles (FIP). Hay dos tipos de FIP. La forma "mojada" en la que los líquidos se concentran en el pecho y el abdomen del gato restringiendo la respiración. La forma "seca"

El gato debe ir a revisión una vez al año. De esta manera, si hay algún problemas será diagnosticado en un estado temprano.

del virus en la que el gato beberá mucho agua porque los riñones le están fallando. No existe cura para la FIP, y esta enfermedad afecta a gatos y gatitos con un sistema inmune muy débil. Algunos de los síntomas de la FIP son: anemia, pérdida del apetito, fiebre, estómago hinchado, pérdida de peso, y un pelaje descuidado.

Leucemia Felina
Feline Leukemia Virus, sus siglas en ingles (FeLV).
La leucemia felina ataca el sistema inmunológico del gato dejándolo sin la opción de defenderse ante infecciones de todo tipo. La FeLV se transmite por contacto de gato a gato a través de fluidos corporales como la saliva. Los gatitos pueden contraer esta enfermedad al ser amamantados por una madre infectada. Esta enfermedad es mortal en los gatitos, aproximadamente uno de cada tres gatitos que contrae la enfermedad muere. Los síntomas son: anemia, sangre en las heces, resfriados, diarrea, pérdida del apetito, letargia, pérdida de peso y mucha sed.

La Feline Panleukopenia Virus (FPV) es una enfermedad muy seria que mata a casi el 90 por ciento de los gatitos infectados menores de seis meses de edad.

Si tiene un gato y desea adoptar a otro, llévelo al veterinario para que le hagan un examen de FeLV antes de llevarlo a casa. Usted no quiere que uno de sus gatos sea infectado con FeLV. Si el gato nuevo es positivo, no se preocupe. Muchas organizaciones de rescate ponen en adopción a gatos infectados con FeLV en lugares donde hay otros gatos ya infectados con la enfermedad. Estos gatos pueden vivir relativamente bien durante el resto de su vida. No hay cura para la FeLV pero existe una vacuna. Consulte con su veterinario.

Las pulgas son más fáciles de ver en gatos de pelaje claro.

El Virus de Panleukopenia (FPV)

También conocido como el moquillo del felino, es una enfermedad que ataca el sistema nervioso del gato, el sistema inmunológico, y el intestino. El FPV mata aproximadamente al 90 por ciento de los gatitos infectados menores de seis meses de edad. Una buena noticia es que el gato puede ser vacunado contra el FPV. Se puede contagiar de un gato infectado o de pulgas infectadas. Si toca a un gato infectado y después toca a su gato, le puede transmitir el FPV. Los síntomas son: caídas, poco balance, pérdida del apetito, y letargia. Si su gato o gatito tiene alguno de estos síntomas, llévelo al veterinario de inmediato.

Pulgas

Las pulgas son incómodas para cualquier felino. Una plaga de pulgas puede ser mortal para un gatito. Las pulgas chupan la sangre, y si son muchas le dejan al gatito anémico. Además de chuparle la sangre al gato, las pulgas pueden infectar al gatito con tenias.

Si cree que su gato tiene pulgas, sepárele el pelaje y si tiene puntitos negros parecidos a la pimienta negra, ésos son los excrementos de las pulgas. Hasta puede ver a las pulgas saltando y corriendo por el gato. Llévelo al veterinario para que le dé un tratamiento contra las

El Estado De Salud De Su Felino

pulgas. Existen muchos tratamientos en el mercado, incluyendo collares contra pulgas, champús para matar las pulgas, etc.

Pero antes de usar uno de estos tratamientos, consulte con su veterinario, algunos de estos tratamientos son muy fuertes para gatitos. Nunca use un producto designado para perros para tratar a un gato, podría ser mortal.

Bolas de Pelo

Los gatos y gatitos de pelo largo están más predispuestos a las bolas de pelo que los gatos de pelo corto. Cuando los gatos se lavan, se tragan el pelo que está suelto. Con el tiempo, el pelo se acumula en el intestino y puede causar estreñimiento. (A veces el gato vomita las bolas de pelo. Esto es algo normal). Si cree que su gato está estreñido, llévelo al veterinario para que le dé un remedio. (En casos muy extremos el veterinario tiene que operar al gato para sacarle las bolas de pelo.)

Una manera de reducir la cantidad de pelo que el gato se traga, es cepillando y peinando al gato regularmente. Así le saca el pelo que esté suelto y el gato no se lo tragará cuando se lave. También puede comprar una comida especial para las bolas de pelo. Tiene un compuesto de fibra que ayuda al gato a expulsar el pelo tragado.

Heartworm

El heartworm se contagia por la mordida de un mosquito infectado. Los síntomas incluyen dificultad al respirar, tos, y vómitos. Si vive en un área donde hay muchos mosquitos, o cree que su gato tiene heartworm, llévelo al veterinario.

Anquilostoma (Hookworm)

Un gato puede morir de una plaga de anquilostomas. Estas lombrices se adhieren a la pared del intestino e impiden que el gato utilice los nutrientes de la comida consumida. Lo pueden contraer de una madre infectada o del retrete si ha sido usado por

Si no está seguro si su gato tiene pulgas, el veterinario le enseñará como detectarlas.

un gato infectado. Los síntomas son anemia, letargia, y pérdida de peso.

Rabia

La rabia es una enfermedad muy peligrosa. Es causada por un virus que se encuentra en la saliva del animal infectado. La rabia se transmite por medio de mordidas. Un animal que tiene rabia actúa de una manera muy agresiva, tiene dificultad tragando y ataca a cualquier cosa o humano que se le acerque. Los síntomas aparecen una semana o un año después del contacto. Vacune a su gato contra la rabia, sobretodo si le sale a la calle y está en contacto con otros animales.

La Tiña (Ringworm)

La tiña es una enfermedad de hongos muy contagiosa. Si coge a un gato con tiña, puede infectar a otras mascotas por el contacto. Los signos de esta enfermedad son un circulo rojo como un anillo y caída del pelo. Si cree que su gato puede tener tiña, llévelo al veterinario. Le dará un remedio contra los hongos. Si su gato tiene tiña, lave la ropa de la cama con agua caliente y aspire toda la casa.

Precaución

Lávese las manos después de coger o cargar a un gato que no conoce, a un gato enfermo y después de limpiar el retrete del gato. Es la mejor manera de prevenir la transmisión de bacterias y enfermedades.

Lombriz Intestinal

La lombriz intestinal vive en el estómago del gato. Cuando el gato defeca, los huevos de la lombriz salen del sistema del gato y quedan inactivos hasta que otro animal los toca y se los traga y así es infectado. Si una gata embarazada tiene la lombriz intestinal, los gatitos pueden nacer infectados. Los síntomas son el estómago hinchado, letargia, y pérdida del apetito. A veces usted puede ver las lombrices debajo de la cola del gato o en las heces. Si cree que su gato tiene lombrices, llévelo al veterinario.

La Tenia

La tenia es un parásito que vive en el intestino de los gatos. Si no es tratada, una plaga de tenias puede matar a un gatito. Causan dolor de estómago, un incremento en el apetito, anemia, diarrea, pérdida de peso, y letargia. Si el gato tiene pulgas puede que

Los gatos que no salen a la calle están más protegidos de enfermedades y parásitos que los gatos que salen a menudo.

también tenga tenias. Un gato que tiene pulgas puede tragarse los huevos de la tenia cuando se lava. Si ve puntos blancos o amarillentos debajo de la cola del gato, es muy posible que tenga tenias. Llévelo al veterinario de inmediato.

Garrapatas

Las garrapatas son de color marrón oscuro y chupan la sangre, se esconden en las orejas del gato y en el pelaje. Si su gato no sale de casa, seguramente nunca esté en contacto con las garrapatas. Si por el contrario sale a la calle a menudo, revísele el

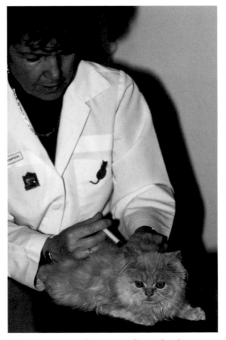

Asegúrese que el gato recibe todas las vacunas necesarias para mantenerse en un buen estado de salud.

pelaje para ver si tiene garrapatas, si encuentra alguna, sáquela con unas pinzas con mucho cuidado. No use cerillas, alcohol, sal, u otra clase de remedios caseros para intentar coger a la garrapata. Si el gato tiene muchas garrapatas o usted no se siente cómodo quitándolas, llévelo al veterinario.

Infecciones Respiratorias

Aunque las infecciones respiratorias (resfriados) no son peligrosas para los gatos , pueden ser un problema para los gatitos. Es buena idea que vacune al gato contra los virus comunes del resfriado lo antes posible. Un gato resfriado puede contagiar a otros animales que vivan en la misma casa, si su gato tiene un resfriado, manténgalo alejado del resto de las mascotas de 7 a 14 días. Los síntomas de un resfriado felino son pérdida del apetito, pérdida de energía, estornudos, y ojos llorosos.

Infecciones De Orina

Si el gato llora cuando orina, puede tener una infección en la orina. Otros síntomas son sangre en la orina, dificultad orinando, orina frecuente, y orina fuera del retrete. Lleve a su gato al veterinario lo antes posible, si la infección no es tratada, puede ser fatal.

Los Gatos y Las Vacunas

Por lo general, los gatitos deben recibir las primeras vacunas alrededor de las ocho semanas de vida. (El gatito es inmunizado contra enfermedades a través de la leche materna, y está protegido durante las primeras ocho semanas.) El veterinario le dará refuerzos de vacunas a las tres o cuatro semanas de haber recibido la vacuna inicial. Después, el gatito debe recibir dosis de refuerzo cada año o de tres a cuatro años dependiendo del tipo de vacuna. El veterinario le explicará el proceso.

Reacción A Las Vacunas

Algunos gatos y gatitos pueden tener una pequeña reacción a las vacunas. Los síntomas de estas reacciones incluyen fiebre, estornudos, pérdida del apetito, y letargia. Observe al gato durante unas horas después de recibir la vacuna, si nota un comportamiento anormal, consulte con el veterinario.

Darle al gato el cuidado que necesita es fácil. La combinación de una dieta balanceada con las visitas necesarias al veterinario y una buena calidad de vida, garantizarán a su gato años de felicidad. Su felino depende de usted para el resto de su vida. Sea un dueño responsable y dé a su compañero todo el amor y atención que necesita.

Recursos

ORGANIZACIONES

American Association of Cat Enthusiasts (AACE)
P.O. Box 213
Pine Brook, NJ 07058
Teléfono: (973) 335-6717
E-mail: info@aaeinc.org
www.aaceinc.org

American Cat Fanciers Association (ACFA)
P.O Box 1949
Nixa, MO 65714-1949
Teléfono: (417) 725-1530
E-mail: mcats@bellsouth.net
www.acfacat.com

The Cat Fanciers' Association, Inc.(CFA)
P.O. Box 1005
Manasquan, NJ 08736-0805.
Teléfono: (732) 528-9797
E-mail: cfa@cfainc.org
www.cfainc.org

The International Cat Association (TICA)
P.O. Box 2684
Harlingen, TX 78551
Teléfono: (956) 428-8046
E-mail: ticaeo@xanadu2.net
www.tica.org

Traditional and Classic Cat International (TCCI)
10289 Vista Point Loop
Penn Valley, CA 95946
E-mail: tccat@tccat.org
www.tccat.org

REVISTAS

Cat Fancy
Subscription Department
P.O. Box 37196
Boone, IA 50037
Teléfono: (800) 365-4421
E-mail: letters@catfancy.com
www.catfancy.com

Cats & Kittens
Pet Publishing, Inc.
7-L Dundas Circle
Greensboro, NC 27407
Teléfono: (336) 292-4047
E-mail: cksubscriptions@petpublishing.com
www.catsandkittens.com

SOCIEDADES PROTECTORAS DE ANIMALES Y ORGANIZACIONES DE RESCATE

Alley Cat Allies
7920 Norfolk Avenue
Suite 600
Bethesda, MD 20814-2525
Teléfono: (240) 482-1980
www.alleycat.org

American Humane Association (AHA)
63 Inverness Drive East
Englewood, CO 80112
Teléfono: (303) 792-9900
www.americanhumane.org

American Society for the Prevention of Cruelty to Animals (ASPCA)
424 E. 92nd Street
New York, NY 10128-6804
Teléfono: (212) 876-7700
www.aspca.org

Royal Society for the Prevention of Cruelty to Animals (RSPCA)
Teléfono: 0870 3335 999
Fax: 0870 7530 284
www.rspca.org.uk

The Humane Society of the United States (HSUS)
2100 L Street, NW
Washington DC 20037
Teléfono: (202) 452-1100
www.hsus.org

GLOSARIO DE VETERINARIOS

Academy of Veterinary Homeopathy (AVH)
P.O. Box 9280
Wilmington, DE 19809
Teléfono: (866) 652-1590
Fax: (866) 652-1590
E-mail: office@TheAVH.org
www.theavh.org

American Academy of Veterinary Acupuncture (AAVA)
100 Roscommon Drive, Suite 320
Middletown, CT 06457
Teléfono: (860) 635-6300
E-mail: office@aava.org
www.aava.org

American Animal Hospital Association (AAHA)
P.O. Box 150899
Denver, CO 80215-0899
Teléfono: (303) 986-2800
E-mail: info@aahanet.org
www.aahanet.org

American Holistic Veterinary Medical Association (AHVMA)
2218 Old Emmorton Road
Bel Air, MD 21015
Teléfono: (410) 569-0795
E-mail: office@ahvma.org
www.ahvma.org

American Veterinary Medical Association (AVMA)
1931 North Meacham Road – Suite 100
Schaumburg, IL 60173
Teléfono: (847) 925-8070
E-mail: avmainfo@avma.org
www.avma.org

British Veterinary Association (BVA)
7 Mansfield Street
London
W1G 9NQ
Teléfono: 020 7636 6541
E-mail: bvahq@bva.co.uk
www.bva.co.uk

Indice

Fotos:

Gillian Lisle, 30 (las dos), 39
Isabelle Francais, 14, 25, 32, 36, 44, 47, 49, 60
Joan Balzarini, 5, 56
John Tyson, 6, 8, 10-11,40, 42
Lara Stern, 19, 48
Linda Beatie, 52
Richard K. Blackmon, 38
Robert Pearcy, 4, 12, 27, 31
T.F.H. Archivos, 23, 45, 51, 55, 57, 59, 61
Vince Serbin, 22